中华人民共和国海警法

中国法制出版社

目　　录

中华人民共和国主席令

第七十一号

《中华人民共和国海警法》已由中华人民共和国第十三届全国人民代表大会常务委员会第二十五次会议于2021年1月22日通过，现予公布，自2021年2月1日起施行。

中华人民共和国主席　习近平

2021年1月22日

中华人民共和国海警法

（2021年1月22日第十三届全国人民代表大会常务委员会第二十五次会议通过）

目　　录

第一章　总　　则

第一条　为了规范和保障海警机构履行职责，维护国家主权、安全和海洋权益，保护公民、法人和其他组织的合法权益，制定本法。

第二条 人民武装警察部队海警部队即海警机构，统一履行海上维权执法职责。

海警机构包括中国海警局及其海区分局和直属局、省级海警局、市级海警局、海警工作站。

第三条 海警机构在中华人民共和国管辖海域（以下简称我国管辖海域）及其上空开展海上维权执法活动，适用本法。

第四条 海上维权执法工作坚持中国共产党的领导，贯彻总体国家安全观，遵循依法管理、综合治理、规范高效、公正文明的原则。

第五条 海上维权执法工作的基本任务是开展海上安全保卫，维护海上治安秩序，打击海上走私、偷渡，在职责范围内对海洋资源开发利用、海洋生态环境保护、海洋渔业生产作业等活动进行监督检查，预防、制止和惩治海上违法犯罪活动。

第六条 海警机构及其工作人员依法执行职务受法律保护，任何组织和个人不得非法干涉、拒绝和阻碍。

第七条 海警机构工作人员应当遵守宪法和法律，崇尚荣誉，忠于职守，纪律严明，严格执法，清正廉洁。

第八条 国家建立陆海统筹、分工合作、科学高效的海上维权执法协作配合机制。国务院有关部门、沿海地方人民政府、军队有关部门和海警机构应当相互加强协作配合，做好海上维权执法工作。

第九条 对在海上维权执法活动中做出突出贡献的组织和个人，依照有关法律、法规的规定给予表彰和奖励。

第二章　机构和职责

第十条　国家在沿海地区按照行政区划和任务区域编设中国海警局海区分局和直属局、省级海警局、市级海警局和海警工作站，分别负责所管辖区域的有关海上维权执法工作。中国海警局按照国家有关规定领导所属海警机构开展海上维权执法工作。

第十一条　海警机构管辖区域应当根据海上维权执法工作的需要合理划定和调整，可以不受行政区划限制。

海警机构管辖区域的划定和调整应当及时向社会公布，并通报有关机关。

第十二条　海警机构依法履行下列职责：

（一）在我国管辖海域开展巡航、警戒，值守重点岛礁，管护海上界线，预防、制止、排除危害国家主权、安全和海洋权益的行为；

（二）对海上重要目标和重大活动实施安全保卫，采取必要措施保护重点岛礁以及专属经济区和大陆架的人工岛屿、设施和结构安全；

（三）实施海上治安管理，查处海上违反治安管理、入境出境管理的行为，防范和处置海上恐怖活动，维护海上治安秩序；

（四）对海上有走私嫌疑的运输工具或者货物、物品、人员进行检查，查处海上走私违法行为；

（五）在职责范围内对海域使用、海岛保护以及无居民海岛开发利用、海洋矿产资源勘查开发、海底电（光）缆和管道铺设与保护、海洋调查测量、海洋基础测绘、涉外海洋科学研究等活动进行监督检查，查处违法行为；

（六）在职责范围内对海洋工程建设项目、海洋倾倒废弃物对海洋污染损害、自然保护地海岸线向海一侧保护利用等活动进行监督检查，查处违法行为，按照规定权限参与海洋环境污染事故的应急处置和调查处理；

（七）对机动渔船底拖网禁渔区线外侧海域和特定渔业资源渔场渔业生产作业、海洋野生动物保护等活动进行监督检查，查处违法行为，依法组织或者参与调查处理海上渔业生产安全事故和渔业生产纠纷；

（八）预防、制止和侦查海上犯罪活动；

（九）按照国家有关职责分工，处置海上突发事件；

（十）依照法律、法规和我国缔结、参加的国际条约，在我国管辖海域以外的区域承担相关执法任务；

（十一）法律、法规规定的其他职责。

海警机构与公安、自然资源、生态环境、交通运输、渔业渔政、海关等主管部门的职责分工，按照国家有关规定执行。

第十三条 海警机构接到因海上自然灾害、事故灾难等紧急求助，应当及时通报有关主管部门，并积极开展应急救援和救助。

第十四条 中央国家机关按照国家有关规定对海上维权执法工作实行业务指导。

第十五条 中国海警局及其海区分局按照国家有关规定，协调指导沿海地方人民政府海上执法队伍开展海域使用、海岛保护开发、海洋生态环境保护、海洋渔业管理等相关执法工作。

根据海上维权执法工作需要，中国海警局及其海区分局可以统一协调组织沿海地方人民政府海上执法队伍的船舶、人员参与海上重大维权执法行动。

第三章　海上安全保卫

第十六条　为维护海上安全和秩序，海警机构有权依法对在我国管辖海域航行、停泊、作业的外国船舶进行识别查证，判明船舶的基本信息及其航行、作业的基本情况。对有违法嫌疑的外国船舶，海警机构有权采取跟踪监视等措施。

第十七条　对非法进入我国领海及其以内海域的外国船舶，海警机构有权责令其立即离开，或者采取扣留、强制驱离、强制拖离等措施。

第十八条　海警机构执行海上安全保卫任务，可以对在我国管辖海域航行、停泊、作业的船舶依法登临、检查。

海警机构登临、检查船舶，应当通过明确的指令要求被检查船舶停船接受检查。被检查船舶应当按照指令停船接受检查，并提供必要的便利；拒不配合检查的，海警机构可以强制检查；现场逃跑的，海警机构有权采取必要的措施进行拦截、紧追。

海警机构检查船舶，有权依法查验船舶和生产作业许可有关的证书、资料以及人员身份信息，检查船舶及其所载货物、物品，对有关违法事实进行调查取证。

对外国船舶登临、检查、拦截、紧追，遵守我国缔结、参加的国际条约的有关规定。

第十九条　海警机构因处置海上突发事件的紧急需要，可以采取下列措施：

（一）责令船舶停止航行、作业；

（二）责令船舶改变航线或者驶向指定地点；

（三）责令船舶上的人员下船，或者限制、禁止人员上船、下船；

（四）责令船舶卸载货物，或者限制、禁止船舶卸载货物；

（五）法律、法规规定的其他措施。

第二十条 未经我国主管机关批准，外国组织和个人在我国管辖海域和岛礁建造建筑物、构筑物，以及布设各类固定或者浮动装置的，海警机构有权责令其停止上述违法行为或者限期拆除；对拒不停止违法行为或者逾期不拆除的，海警机构有权予以制止或者强制拆除。

第二十一条 对外国军用船舶和用于非商业目的的外国政府船舶在我国管辖海域违反我国法律、法规的行为，海警机构有权采取必要的警戒和管制措施予以制止，责令其立即离开相关海域；对拒不离开并造成严重危害或者威胁的，海警机构有权采取强制驱离、强制拖离等措施。

第二十二条 国家主权、主权权利和管辖权在海上正在受到外国组织和个人的不法侵害或者面临不法侵害的紧迫危险时，海警机构有权依照本法和其他相关法律、法规，采取包括使用武器在内的一切必要措施制止侵害、排除危险。

第四章 海上行政执法

第二十三条 海警机构对违反海上治安、海关、海洋资源开发利用、海洋生态环境保护、海洋渔业管理等法律、法规、规章的组织和个人，依法实施包括限制人身自由在内的行政处罚、行政强制或者法律、法规规定的其他措施。

海警机构依照海洋资源开发利用、海洋生态环境保护、海洋渔业管理等法律、法规的规定，对海上生产作业现场进行监督检查。

海警机构因调查海上违法行为的需要，有权向有关组织和个人收集、调取证据。有关组织和个人应当如实提供证据。

海警机构为维护海上治安秩序，对有违法犯罪嫌疑的人员进行当场盘问、检查或者继续盘问的，依照《中华人民共和国人民警察法》的规定执行。

第二十四条 海警机构因开展行政执法需要登临、检查、拦截、紧追相关船舶的，依照本法第十八条规定执行。

第二十五条 有下列情形之一，省级海警局以上海警机构可以在我国管辖海域划定海上临时警戒区，限制或者禁止船舶、人员通行、停留：

（一）执行海上安全保卫任务需要的；

（二）打击海上违法犯罪活动需要的；

（三）处置海上突发事件需要的；

（四）保护海洋资源和生态环境需要的；

（五）其他需要划定海上临时警戒区的情形。

划定海上临时警戒区，应当明确海上临时警戒区的区域范围、警戒期限、管理措施等事项并予以公告。其中，可能影响海上交通安全的，应当在划定前征求海事管理机构的意见，并按照相关规定向海事管理机构申请发布航行通告、航行警告；涉及军事用海或者可能影响海上军事设施安全和使用的，应当依法征得军队有关部门的同意。

对于不需要继续限制或者禁止船舶、人员通行、停留的，海警机构应当及时解除警戒，并予公告。

第二十六条 对涉嫌违法正在接受调查处理的船舶，海警机构可以责令其暂停航行、作业，在指定地点停泊或者禁止其离港。必要时，海警机构可以将嫌疑船舶押解至指定地点接受调查处理。

第二十七条 国际组织、外国组织和个人的船舶经我国主管机关批准在我国管辖海域从事渔业生产作业以及其他自然资源勘查开发、海洋科学研究、海底电（光）缆和管道铺设等活动的，海警机构应当依法进行监管，可以派出执法人员随船监管。

第二十八条 为预防、制止和惩治在我国陆地领土、内水或者领海内违反有关安全、海关、财政、卫生或者入境出境管理法律、法规的行为，海警机构有权在毗连区行使管制权，依法实施行政强制措施或者法律、法规规定的其他措施。

第二十九条 违法事实确凿，并有下列情形之一，海警机构执法人员可以当场作出处罚决定：

（一）对个人处五百元以下罚款或者警告、对单位处五千元以下罚款或者警告的；

（二）罚款处罚决定不在海上当场作出，事后难以处罚的。

当场作出的处罚决定，应当及时报所属海警机构备案。

第三十条 对不适用当场处罚，但事实清楚，当事人自愿认错认罚，且对违法事实和法律适用没有异议的海上行政案件，海警机构征得当事人书面同意后，可以通过简化取证方式和审核审批等措施快速办理。

对符合快速办理条件的海上行政案件，当事人在自行书写材料或者询问笔录中承认违法事实、认错认罚，并有视听资料、电子数据、检查笔录等关键证据能够相互印证的，海警机构可以不再开展其他调查取证工作。

使用执法记录仪等设备对询问过程录音录像的，可以替代书面询问笔录。必要时，对视听资料的关键内容和相应时间段等作文字说明。

对快速办理的海上行政案件，海警机构应当在当事人到案后四十八小时内作出处理决定。

第三十一条 海上行政案件有下列情形之一，不适用快速办理：

（一）依法应当适用听证程序的；

（二）可能作出十日以上行政拘留处罚的；

（三）有重大社会影响的；

（四）可能涉嫌犯罪的；

（五）其他不宜快速办理的。

第三十二条 海警机构实施行政强制措施前，执法人员应当向本单位负责人报告并经批准。情况紧急，需要在海上当场实施行政强制措施的，应当在二十四小时内向本单位负责人报告，抵岸后及时补办批准手续；因不可抗力无法在二十四小时内向本单位负责人报告的，应当在不可抗力影响消除后二十四小时内向本单位负责人报告。海警机构负责人认为不应当采取行政强制措施的，应当立即解除。

第三十三条 当事人逾期不履行处罚决定的，作出处罚决定的海警机构可以依法采取下列措施：

（一）到期不缴纳罚款的，每日按罚款数额的百分之三加处罚款；

（二）将查封、扣押的财物依法拍卖、变卖或者将冻结的存款、汇款划拨抵缴罚款；

（三）根据法律规定，采取其他行政强制执行方式。

本法和其他法律没有规定海警机构可以实施行政强制执行的事项，海警机构应当申请人民法院强制执行。

第三十四条 各级海警机构对海上行政案件的管辖分工，由中国海警局规定。

海警机构与其他机关对海上行政案件管辖有争议的，由海警机构与其他机关按照有利于案件调查处理的原则进行协商。

第三十五条 海警机构办理海上行政案件时，有证据证明当事人在海上实施将物品倒入海中等故意毁灭证据的行为，给海警机构举证造成困难的，可以结合其他证据，推定有关违法事实成立，但是当事人有证据足以推翻的除外。

第三十六条 海警机构开展巡航、警戒、拦截、紧追等海上执法工作，使用标示有专用标志的执法船舶、航空器的，即为表明身份。

海警机构在进行行政执法调查或者检查时，执法人员不得少于两人，并应当主动出示执法证件表明身份。当事人或者其他有关人员有权要求执法人员出示执法证件。

第三十七条 海警机构开展海上行政执法的程序，本法未作规定的，适用《中华人民共和国行政处罚法》、《中华人民共和国行政强制法》、《中华人民共和国治安管理处罚法》等有关法律的规定。

第五章 海上犯罪侦查

第三十八条 海警机构办理海上发生的刑事案件，依照

《中华人民共和国刑事诉讼法》和本法的有关规定行使侦查权，采取侦查措施和刑事强制措施。

第三十九条 海警机构在立案后，对于危害国家安全犯罪、恐怖活动犯罪、黑社会性质的组织犯罪、重大毒品犯罪或者其他严重危害社会的犯罪案件，依照《中华人民共和国刑事诉讼法》和有关规定，经过严格的批准手续，可以采取技术侦查措施，按照规定交由有关机关执行。

追捕被通缉或者批准、决定逮捕的在逃的犯罪嫌疑人、被告人，经过批准，可以采取追捕所必需的技术侦查措施。

第四十条 应当逮捕的犯罪嫌疑人在逃，海警机构可以按照规定发布通缉令，采取有效措施，追捕归案。

海警机构对犯罪嫌疑人发布通缉令的，可以商请公安机关协助追捕。

第四十一条 海警机构因办理海上刑事案件需要登临、检查、拦截、紧追相关船舶的，依照本法第十八条规定执行。

第四十二条 海警机构、人民检察院、人民法院依法对海上刑事案件的犯罪嫌疑人、被告人决定取保候审的，由被取保候审人居住地的海警机构执行。被取保候审人居住地未设海警机构的，当地公安机关应当协助执行。

第四十三条 海警机构、人民检察院、人民法院依法对海上刑事案件的犯罪嫌疑人、被告人决定监视居住的，由海警机构在被监视居住人住处执行；被监视居住人在负责办案的海警机构所在的市、县没有固定住处的，可以在指定的居所执行。对于涉嫌危害国家安全犯罪、恐怖活动犯罪，在住处执行可能有碍侦查的，经上一级海警机构批准，也可以在指定的居所执行。但是，不得在羁押场所、专门的办案场所执行。

第四十四条 海警工作站负责侦查发生在本管辖区域内的海上刑事案件。

市级海警局以上海警机构负责侦查管辖区域内的重大的危害国家安全犯罪、恐怖活动犯罪、涉外犯罪、经济犯罪、集团犯罪案件以及其他重大犯罪案件。

上级海警机构认为有必要的，可以侦查下级海警机构管辖范围内的海上刑事案件；下级海警机构认为案情重大需要上级海警机构侦查的海上刑事案件，可以报请上级海警机构管辖。

第四十五条 海警机构办理海上刑事案件，需要提请批准逮捕或者移送起诉的，应当向所在地相应人民检察院提请或者移送。

第六章 警械和武器使用

第四十六条 有下列情形之一，海警机构工作人员可以使用警械或者现场的其他装备、工具：

（一）依法登临、检查、拦截、紧追船舶时，需要迫使船舶停止航行的；

（二）依法强制驱离、强制拖离船舶的；

（三）依法执行职务过程中遭遇阻碍、妨害的；

（四）需要现场制止违法犯罪行为的其他情形。

第四十七条 有下列情形之一，经警告无效的，海警机构工作人员可以使用手持武器：

（一）有证据表明船舶载有犯罪嫌疑人或者非法载运武器、弹药、国家秘密资料、毒品等物品，拒不服从停船指令的；

（二）外国船舶进入我国管辖海域非法从事生产作业活

动，拒不服从停船指令或者以其他方式拒绝接受登临、检查，使用其他措施不足以制止违法行为的。

第四十八条 有下列情形之一，海警机构工作人员除可以使用手持武器外，还可以使用舰载或者机载武器：

（一）执行海上反恐怖任务的；

（二）处置海上严重暴力事件的；

（三）执法船舶、航空器受到武器或者其他危险方式攻击的。

第四十九条 海警机构工作人员依法使用武器，来不及警告或者警告后可能导致更为严重危害后果的，可以直接使用武器。

第五十条 海警机构工作人员应当根据违法犯罪行为和违法犯罪行为人的危险性质、程度和紧迫性，合理判断使用武器的必要限度，尽量避免或者减少不必要的人员伤亡、财产损失。

第五十一条 海警机构工作人员使用警械和武器，本法未作规定的，依照人民警察使用警械和武器的规定以及其他有关法律、法规的规定执行。

第七章 保障和协作

第五十二条 国家建立与海警机构担负海上维权执法任务和建设发展相适应的经费保障机制。所需经费按照国家有关规定列入预算。

第五十三条 国务院有关部门、沿海县级以上地方人民政府及其有关部门在编制国土空间规划和相关专项规划时，应当统筹海上维权执法工作需求，按照国家有关规定对海警机构执法办案、执勤训练、生活等场地和设施建设等予以保障。

第五十四条 海警机构因海上维权执法紧急需要，可以依照法律、法规、规章的规定优先使用或者征用组织和个人的交通工具、通信工具、场地，用后应当及时归还，并支付适当费用；造成损失的，按照国家有关规定给予补偿。

第五十五条 海警机构应当优化力量体系，建强人才队伍，加强教育培训，保障海警机构工作人员具备履行法定职责的知识、技能和素质，提高海上维权执法专业能力。

海上维权执法实行持证上岗和资格管理制度。

第五十六条 国家加强海上维权执法装备体系建设，保障海警机构配备与其履行职责相适应的船舶、航空器、武器以及其他装备。

第五十七条 海警机构应当加强信息化建设，运用现代信息技术，促进执法公开，强化便民服务，提高海上维权执法工作效率。

海警机构应当开通海上报警服务平台，及时受理人民群众报警、紧急求助。

第五十八条 海警机构分别与相应的外交（外事）、公安、自然资源、生态环境、交通运输、渔业渔政、应急管理、海关等主管部门，以及人民法院、人民检察院和军队有关部门建立信息共享和工作协作配合机制。

有关主管部门应当及时向海警机构提供与开展海上维权执法工作相关的基础数据、行政许可、行政管理政策等信息服务和技术支持。

海警机构应当将海上监督检查、查处违法犯罪等工作数据、信息，及时反馈有关主管部门，配合有关主管部门做好海上行政管理工作。海警机构依法实施行政处罚，认为需要吊销许可证件的，应当将相关材料移送发证机关处理。

第五十九条 海警机构因开展海上维权执法工作需要，可以向有关主管部门提出协助请求。协助请求属于有关主管部门职责范围内的，有关主管部门应当配合。

第六十条 海警机构对依法决定行政拘留的违法行为人和拘留审查的外国人，以及决定刑事拘留、执行逮捕的犯罪嫌疑人，分别送海警机构所在地拘留所或者看守所执行。

第六十一条 海警机构对依法扣押、扣留的涉案财物，应当妥善保管，不得损毁或者擅自处理。但是，对下列货物、物品，经市级海警局以上海警机构负责人批准，可以先行依法拍卖或者变卖并通知所有人，所有人不明确的，通知其他当事人：

（一）成品油等危险品；

（二）鲜活、易腐、易失效等不宜长期保存的；

（三）长期不使用容易导致机械性能下降、价值贬损的车辆、船舶等；

（四）体量巨大难以保管的；

（五）所有人申请先行拍卖或者变卖的。

拍卖或者变卖所得款项由海警机构暂行保存，待结案后按照国家有关规定处理。

第六十二条 海警机构对应当退还所有人或者其他当事人的涉案财物，通知所有人或者其他当事人在六个月内领取；所有人不明确的，应当采取公告方式告知所有人认领。在通知所有人、其他当事人或者公告后六个月内无人认领的，按无主财物处理，依法拍卖或者变卖后将所得款项上缴国库。遇有特殊情况的，可以延期处理，延长期限最长不超过三个月。

第八章　国际合作

第六十三条　中国海警局根据中华人民共和国缔结、参加的国际条约或者按照对等、互利的原则，开展海上执法国际合作；在规定权限内组织或者参与有关海上执法国际条约实施工作，商签海上执法合作性文件。

第六十四条　海警机构开展海上执法国际合作的主要任务是参与处置涉外海上突发事件，协调解决海上执法争端，管控海上危机，与外国海上执法机构和有关国际组织合作打击海上违法犯罪活动，保护海洋资源环境，共同维护国际和地区海洋公共安全和秩序。

第六十五条　海警机构可以与外国海上执法机构和有关国际组织开展下列海上执法国际合作：

（一）建立双边、多边海上执法合作机制，参加海上执法合作机制的活动；

（二）交流和共享海上执法情报信息；

（三）海上联合巡逻、检查、演练、训练；

（四）教育培训交流；

（五）互派海上执法国际合作联络人员；

（六）其他海上执法国际合作活动。

第九章　监　　督

第六十六条　海警机构及其工作人员应当依照法律、法规规定的条件、权限和程序履行职责、行使职权，不得滥用职权、玩忽职守、徇私舞弊，不得侵犯组织和个人的合法权益。

第六十七条 海警机构应当尊重和依法保障公民、法人和其他组织对海警机构执法工作的知情权、参与权和监督权，增强执法工作透明度和公信力。

海警机构应当依法公开海上执法工作信息。

第六十八条 海警机构询问、讯问、继续盘问、辨认违法犯罪嫌疑人以及对违法犯罪嫌疑人进行安全检查、信息采集等执法活动，应当在办案场所进行。紧急情况下必须在现场进行询问、讯问或者有其他不宜在办案场所进行询问、讯问的情形除外。

海警机构应当按照国家有关规定以文字、音像等形式，对海上维权执法活动进行全过程记录，归档保存。

第六十九条 海警机构及其工作人员开展海上维权执法工作，依法接受检察机关、军队监察机关的监督。

第七十条 人民政府及其有关部门、公民、法人和其他组织对海警机构及其工作人员的违法违纪行为，有权向检察机关、军队监察机关通报、检举、控告。对海警机构及其工作人员正在发生的违法违纪或者失职行为，可以通过海上报警服务平台进行投诉、举报。

对依法检举、控告或者投诉、举报的公民、法人和其他组织，任何机关和个人不得压制和打击报复。

第七十一条 上级海警机构应当对下级海警机构的海上维权执法工作进行监督，发现其作出的处理措施或者决定有错误的，有权撤销、变更或者责令下级海警机构撤销、变更；发现其不履行法定职责的，有权责令其依法履行。

第七十二条 中国海警局应当建立健全海上维权执法工作监督机制和执法过错责任追究制度。

第十章 法律责任

第七十三条 有下列阻碍海警机构及其工作人员依法执行职务的行为之一，由公安机关或者海警机构依照《中华人民共和国治安管理处罚法》关于阻碍人民警察依法执行职务的规定予以处罚：

（一）侮辱、威胁、围堵、拦截、袭击海警机构工作人员的；

（二）阻碍调查取证的；

（三）强行冲闯海上临时警戒区的；

（四）阻碍执行追捕、检查、搜查、救险、警卫等任务的；

（五）阻碍执法船舶、航空器、车辆和人员通行的；

（六）采取危险驾驶、设置障碍等方法驾驶船舶逃窜，危及执法船舶、人员安全的；

（七）其他严重阻碍海警机构及其工作人员执行职务的行为。

第七十四条 海警机构工作人员在执行职务中，有下列行为之一，按照中央军事委员会的有关规定给予处分：

（一）泄露国家秘密、商业秘密和个人隐私的；

（二）弄虚作假，隐瞒案情，包庇、纵容违法犯罪活动的；

（三）刑讯逼供或者体罚、虐待违法犯罪嫌疑人的；

（四）违反规定使用警械、武器的；

（五）非法剥夺、限制人身自由，非法检查或者搜查人身、货物、物品、交通工具、住所或者场所的；

（六）敲诈勒索，索取、收受贿赂或者接受当事人及其代理人请客送礼的；

（七）违法实施行政处罚、行政强制，采取刑事强制措施或者收取费用的；

（八）玩忽职守，不履行法定义务的；

（九）其他违法违纪行为。

第七十五条 违反本法规定，构成犯罪的，依法追究刑事责任。

第七十六条 组织和个人对海警机构作出的行政行为不服的，有权依照《中华人民共和国行政复议法》的规定向上一级海警机构申请行政复议；或者依照《中华人民共和国行政诉讼法》的规定向有管辖权的人民法院提起行政诉讼。

第七十七条 海警机构及其工作人员违法行使职权，侵犯组织和个人合法权益造成损害的，应当依照《中华人民共和国国家赔偿法》和其他有关法律、法规的规定给予赔偿。

第十一章 附 则

第七十八条 本法下列用语的含义是：

（一）省级海警局，是指直接由中国海警局领导，在沿海省、自治区、直辖市设立的海警局；市级海警局，是指由省级海警局领导，在沿海省、自治区下辖市和直辖市下辖区设立的海警局；海警工作站，通常是指由市级海警局领导，在沿海县级行政区域设立的基层海警机构。

（二）船舶，是指各类排水或者非排水的船、艇、筏、水上飞行器、潜水器等移动式装置，不包括海上石油、天然气等作业平台。

第七十九条 外国在海上执法方面对我国公民、法人和其他组织采取歧视性的禁止、限制或者其他特别措施的，海警机构可以按照国家有关规定采取相应的对等措施。

第八十条 本法规定的对船舶的维权执法措施适用于海上各种固定或者浮动建筑、装置，固定或者移动式平台。

第八十一条 海警机构依照法律、法规和我国缔结、参加的国际条约，在我国管辖海域以外的区域执行执法任务时，相关程序可以参照本法有关规定执行。

第八十二条 中国海警局根据法律、行政法规和国务院、中央军事委员会的决定，就海上维权执法事项制定规章，并按照规定备案。

第八十三条 海警机构依照《中华人民共和国国防法》、《中华人民共和国人民武装警察法》等有关法律、军事法规和中央军事委员会的命令，执行防卫作战等任务。

第八十四条 本法自 2021 年 2 月 1 日起施行。

关于《中华人民共和国海警法（草案）》的说明

——2020年10月13日在第十三届全国人民代表大会常务委员会第二十二次会议上

中国人民武装警察部队司令员　王宁

全国人民代表大会常务委员会：

一、制定《海警法》的必要性

为坚决维护国家主权、安全和海洋权益，加快推进海洋强国战略，党的十八大以来，党中央对海上维权执法体制进行了两次重大调整和改革。2018年6月30日，原海警队伍整体划归中国人民武装警察部队领导指挥，调整组建中国人民武装警察部队海警总队，称中国海警局，统一履行海上维权执法职责，理顺了海上维权执法体制。但中国海警局履行职责使命还缺乏系统充分的法律依据，迫切需要制定《海警法》。

一是建设海洋强国和维护海洋权益的时代要求。习主席深刻指出，建设海洋强国是中国特色社会主义事业的重要组成部分；要提高海洋维权能力，坚决维护我国海洋权益。当前，我国海上维权斗争面临严峻复杂局面，必须全面建设强大的海上维权执法力量，加快构建形成海上维权执法法律体系，加强经略海洋能力和实力建设。制定《海警法》是贯彻党中央、中央军委和习主席重大战略部署，加强海上维权执法力量建设、有效维护国家海洋权益、加快建设海洋强国的重要举措。

二是规范和保障海上维权执法活动的紧迫需求。目前，海警机构开展海上维权执法活动的法律依据较为分散，且多数法律尚未明确海警机构的执法主体地位；而涉及海上维权执法的一些内部文件，知情范围小，缺乏法律效力，已不适应依法治国、依法行政对海上维权执法的要求。通过制定《海警法》，系统明确海警机构的职能定位、权限措施和保障监督，理顺海警机构与其他涉海部门的职责分工和协作配合关系，健全完善海上维权执法工作机制，为履行海上维权执法职责提供法律保障。

三是巩固深化党和国家机构改革成果的重要举措。调整海警队伍领导指挥体制，完成规模结构和力量编成改革，赋予中国海警局继续统一履行海上维权执法职责，是深化党和国家机构改革的重要组成部分，是党中央统筹海上维权执法力量建设运用作出的重大战略决策。通过制定《海警法》，充分发挥法治的引领和推动作用，以法律的形式将党中央、中央军委和习主席关于海警队伍改革与建设的重大决策部署固化下来，确保改革成果落地落实。

四是遵循国际惯例和国际法相关精神及原则的现实需要。《联合国海洋法公约》确立了现代海洋法律制度，明确了沿海国对管辖海域享有的权利义务。世界许多海洋国家都成立了海上执法机构并进行专门立法，保障本国对海洋有效行使主权、主权权利和管辖权。制定《海警法》，与国际通行惯例接轨，有利于海警机构代表国家更好地履行《联合国海洋法公约》赋予的权利义务。

《全国人民代表大会常务委员会关于中国海警局行使海上

维权执法职权的决定》明确，“条件成熟时，有关方面应当及时提出制定、修改有关法律的议案，依照法定程序提请审议”；《人民武装警察法》第四十七条规定，“人民武装警察部队执行海上维权执法任务，由法律另行规定”。2019 年 1 月，武警部队根据中央军委统一部署，成立《海警法》研究起草工作专班，深入调研论证，反复研究修改，广泛征求中央国家机关有关部门、沿海省（自治区、直辖市）人民政府，军委机关有关部门和有关战区、军兵种的意见；多次召开专家论证会，听取行政法、海洋法方面专家学者的意见，最大限度地凝聚共识、汇聚智慧，起草形成了草案。军委改革和编制办公室组织了立法评估，军委法制局作了立法审查，草案已经中央军委常务会议审议通过。

二、起草《海警法（草案）》的指导思想和基本思路

坚持以习近平新时代中国特色社会主义思想为指导，深入贯彻习近平强军思想，深入贯彻新时代军事战略方针，着眼扎实铸牢军魂、有效维权执法、夯实基层基础、加快改革重塑，聚焦使命任务，坚持以人民为中心，通过立法规范和促进海上维权执法工作，为海警机构维护国家主权、安全和海洋权益，保护公民、法人和其他组织的合法权益，提供坚强法律保障。按照以上指导思想，起草工作遵循以下思路和原则：一是坚持改革创新。贯彻党中央、中央军委和习主席关于海警队伍改革决策部署，特别是使命任务定位和建设发展要求，总结海上维权执法工作理论和实践成果，创新制度机制，体现海警队伍新体制、新使命的时代性，全面提升海上治理体系和治理能力现代化水平。二是坚持问题导向。紧紧围绕海警队伍建设发展和海上维权执法工作中的突出矛盾问题，聚焦职责使命，搞好立法设计，为海警机构依法履职提供坚强法治保障。三是坚持统筹衔接。厘清《海警法》的上位政策、关联政策、配套政策，处理好与《行政处罚法》、《刑事诉讼法》等基本法律，与《国防法》、《人民武装警察法》等军事法律以及与治安管理、海洋、渔业、海关等领域部门法之间的衔接关系，维护法律体系内在协调统一。四是坚持借鉴吸收。坚持立足国内、放眼国际，合理借鉴国内相关部门、有关国家和地区海上执法力量立法制度的有益经验，确保《海警法》制度设计的科学性、先进性。

三、《海警法（草案）》的主要内容

草案分为总则、机构和职责、海上安全保卫、海上行政执法、海上犯罪侦查、警械和武器使用、保障与协作、国际合作、监督、法律责任、附则 11 章，共 80 条。主要内容是：

（一）关于海警机构的性质和职责。海警队伍转隶武警部队后，兼具武装力量和行政执法力量双重属性。据此，草案在总则明确“海警机构是重要的海上武装力量和国家行政执法力量”的性质和职能定位。为推进海警机构职责法定化，依据《全国人民代表大会常务委员会关于中国海警局行使海上维权执法职权的决定》和党中央、中央军委有关文件精神，草案规定中国海警局统一履行海上维权执法职责，沿海地区编设的海警机构负责本级管辖区域有关海上维权执法工作；中央国家机关有关部门依照国家有关规定对海上维权执法工作实行业务指导，中国海警局及其授权的海区分局依照国家有关规定协调指导、监督沿海地方人民政府海上执法队伍相关执法工作；同时，集中明确海警机构具体承担 11 项职责。

（二）关于海上维权执法的权限和措施。为保障海警机构有效履行海上维权执法职责，草案分四章规定了海警机构遂行任务相应的权限、措施及程序要求。关于第三章“海上安全保卫”，主要是总结海上安全保卫工作实践，设置了识别查证、跟踪监视、强制驱离拖离、强制拆除、扣留船舶、登临、检查、紧追等符合海上特点的措施手段，有效维护国家主权、安全和海洋权益，保护人民群众生命财产安全。关于第四章“海上行政执法”，根据《全国人民代表大会常务委员会关于中国海警局行使海上维权执法职权的决定》，规定了海警机构在海上治安管理、海上缉私、海洋资源开发利用、海洋生态环境保护、海洋渔业管理等五个行政执法领域，依照相关法律、法规实施监督检查、行政强制、行政处罚，并遵循《行政处罚法》、《行政强制法》等法律规定的基本程序。在此基础上，草案重点规定了其他法律未作规定、海上行政执法工作现实需要的执法措施，如海上临时警戒区设置、违法船舶调查管制、外籍船舶作业现场监管、毗连区管制等制度规定。考虑到海上执法环境特殊，调查取证难，执法成本高，为便利相对人，提高海上执法效能，草案适当扩大了当场处罚范围，规定了海上行政案件快速办理程序以及特殊证据规则。关于第五章“海上犯罪侦查”，主要是衔接《刑事诉讼法》，进一步明确海警机构对海上发生的刑事案件行使侦查权，可依法实施侦查措施和刑事强制措施，并结合实际对采取技术侦查、通缉、取保候审、监视居住等措施作了具体规定。关于第六章“警械和武器使用”，海警机构依法行使公安机关相应执法职权，海警机构工作人员使用警械和武器，依照人民警察使用警械和武器的规定以及其他有关法律、法规的规定执行。同时，草案结合海上维权执法特点以及其他国家海上立法实践，明确了舰载和机载武器使用、针对海上特殊情形的手持武器和警械使用等规定。

（三）关于保障与协作。为保障海警机构有效履行使命任务，同时为后续改革预留空间和接口，草案原则规定了海警机构的经费和设施保障机制。为适应海上维权执法工作特点，草案明确了海警机构信息化、海警队伍专业化建设方向和具体要求。为进一步形成海上维权执法工作合力，草案在信息共享、执法办案、人员羁押等方面，明确了海警机构与有关行政主管部门和军队有关部门的协作机制。为解决海上执法中涉案财物保管处置难的问题，草案根据执法实践需求，对涉案财物处理作了相关规定。

（四）关于国际合作。海上维权执法活动涉外性强，打击海上跨国违法犯罪，推进海洋国际公共治理，离不开国家间的紧密合作。草案对海上执法国际合作的原则、主体、任务和领域作了规定，为规范海警机构开展国际合作工作提供法律依据，并向国际社会表明我国积极推进海上执法合作、积极履行国际义务、与国际社会一道共同维护海洋公共安全与秩序的立场，树立负责任大国的形象。

（五）关于监督与法律责任。为强化对海警机构权力运行的监督，保护相对人的合法权益，结合海警机构管理体制和职能属性，草案设置了执法公开、表明身份、执法过程记录等制度，明确海警机构及其工作人员履行职责接受检察机关、军队监察机关的监督和人民政府及其有关部门、公民、法人及其他组织的社会监督，同时规定了海警机构的内部监督机制和追责机制。结合海警机构近年来执法实践，草案明确了个人或者组织阻碍海警机构工作人员执行职务需要承担法律责任的违法行为种类，并对海警机构工作人员的违法违纪责任和国家赔偿义务作了规定。

中华人民共和国海警法

ZHONGHUA RENMIN GONGHEGUO HAIJINGFA

经销/新华书店

印刷/北京海纳百川印刷有限公司

开本/850 毫米×1168 毫米 32 开　　印张/1　字数/16 千

版次/2021 年 1 月第 1 版　　2021 年 3 月第 2 次印刷

中国法制出版社出版

书号 ISBN 978－7－5216－1639－2　　定价：4.00 元

北京西单横二条 2 号

邮政编码 100031　　传真：010－66031119

网址：http：//www.zgfzs.com　　**编辑部电话：010－66066621**

市场营销部电话：010－66033393　　**邮购部电话：010－66033288**

（如有印装质量问题，请与本社印务部联系调换。电话：010－66032926）